AF450594

L'École des Mères

Comédie en *Un Acte*, en prose

Par MARIVAUX

LA RENAISSANCE DU LIVRE
78, BOULEVARD SAINT-MICHEL. — PARIS

L'ÉCOLE DES MÈRES

[264]

MARIVAUX

L'ÉCOLE DES MÈRES

Comédie en Un Acte

Représentée pour la première fois par les Comédiens italiens
le 26 juillet 1732.

Reprise le 9 Octobre 1919
au Théatre National de l'Odéon.

Direction : PAUL GAVAULT

LA RENAISSANCE DU LIVRE

78, BOULEVARD SAINT-MICHEL, PARIS

L'ÉCOLE DES MÈRES

Comédie en Un Acte, de MARIVAUX

DISTRIBUTION :

FRONTIN	MM. Coste
CHAMPAGNE	Duard
DAMIS	Darras
ERASTE	Coutant
Madame ARGANTE.	Mmes Kerwich
ANGÉLIQUE	Sergyl
LISETTE	Denise Hébert

L'INGÉNUE
DANS *L'ECOLE DES MÈRES*
ET DANS *L'ECOLE DES FEMMES.*

L'*Ecole des Mères* fut représentée la première fois, le 26 juillet 1732, par les comédiens italiens, et remporta quelque succès. Elle ne fut reprise qu'en 1809, avec Mlle Mars dans le rôle d'Angélique, et disparut à nouveau de l'affiche pour plus d'un demi-siècle. Elle ne reparut qu'en 1878, à l'Odéon, et par hasard. Au concours du Conservatoire, Duquesnel, charmé par le jeu d'une jeune actrice qui tenait le rôle d'Angélique et qui y obtint le second prix de comédie, engagea celle-ci, et la fit débuter dans l'*Ecole des Mères* dont certaines scènes d'ailleurs lui paraissaient bien faites pour mettre en valeur les qualités d'une ingénue.

**

Il s'en faut de beaucoup que cette comédie en un acte soit la meilleure des quelque trente pièces qu'écrivit Marivaux. Mais elle offre, en raccourci, toutes les grâces et tous les défauts de cet auteur. Et, de ce point de vue, elle est intéressante. Très vite, elle permet à la faveur de l'analogie qui existe entre le rôle d'Angélique et celui d'Agnès de l'*Ecole des Femmes*, de déterminer ce qui différencie l'art de Molière de celui du psychologue mondain des *Fausses Confidences* et du *Jeu de l'Amour et du Hasard*.

L'un et l'autre ont voulu nous peindre l'ingénue,
la jeune fille qui arrive au jour du mariage dans
la plus parfaite ignorance des choses de l'amour.
Agnès, de l'*Ecole des Femmes*, a été séquestrée
par Arnolphe, sorte de Bartholo qui rêve d'épouser sa pupille. Angélique, de l'*Ecole des Mères*, a
été soustraite à toute initiation romanesque par
Mme Argante, sa mère. La situation est à peu
près la même. Les psychologies, pourtant, sont
fort différentes. Agnès est infiniment plus près de
Chloé qu'Angélique. La première est une ingénue
qui ne souffre nullement de son état, et qui décou-
vre l'amour avec un émerveillement plein de fraî-
cheur et de naïveté ; la seconde est une vertu dis-
tinguée, mais assez impatiente, qui veut être du
monde, qui veut aller à l'amour, et qui ne se satis-
fait pas de l'accueillir comme une révélation
imprévue.

Le rapprochement entre ces deux personnages
n'est d'ailleurs nullement arbitraire. Marivaux a
tenu à souligner par lui - même leur degré de
parenté. Quand Frontin veut définir, pour l'édifi-
cation d'Éraste, le caractère d'Angélique, il dit :
« Angélique est une Agnès élevée dans la plus
sévère contrainte, et qui, malgré son penchant
pour vous, n'aura que des regrets, des larmes et
de la frayeur à vous donner. » Notons, sans plus
tarder, que Frontin s'abuse. Cette petite personne
est trop de son siècle pour ne pas brûler les étapes,
dès qu'un sourire, un soupir, ou une œillade
auront suscité en elle un émoi nouveau. Et Mme Argante se leurre aussi fort, qui s'imagine qu'il suf-
fit qu'une fille soit « retirée », qu'elle vive sous les
yeux de sa mère, pour que rien ne gâte ni son
cœur ni son esprit, et pour qu'elle accepte le premier barbon venu avec la douceur résignée d'une
Iphigénie. Lisette, la soubrette, la *confidente*,
celle qui, selon la formule même de Marivaux,

guette dans le cœur humain « toutes les niches
différentes où peut se cacher l'amour lorsqu'il
craint de se montrer », et prend un plaisir expert
à « le faire sortir d'une de ces niches », Lisette ne
s'y trompe pas. Une jeune fille du monde, en plein
XVIIIe siècle, n'est pas sans soupçonner tout ce que
la vie peut procurer de joies permises et même dé-
fendues, et sans s'irriter un peu d'une vertu qui
s'éternise. Et la définition de Lisette est la meilleure : Angélique « c'est une jeune personne à qui
son éducation n'a rien appris qu'à obéir ». Il suffira
que sa mère prononce devant elle le mot de volonté, pour qu'elle ait aussitôt des velléités d'être
volontaire. Et si Mme Argante, surprise de cet éclat,
s'ingénie à la modérer, la dissuade de changer de
caractère, l'engage à se laisser conduire comme par
le passé, l'humeur d'Angélique s'altère. Elle montre de l'amertume, du dépit.

Mme ARGANTE

« Je vous marie à un homme sage, à un homme
dont le cœur est sûr, et qui saura tout le prix de la
vertueuse innocence du vôtre.

AGNÈS

« Pour innocente, je le suis ! »

Cette réplique vive, presque impertinente, oppo-
sée à la tyrannie pateline de Mme Argante, d'un
comique très fin — avec lequel, mais avec plus de
force, Molière nous avait familiarisés dans l'*Avare*,
— cette réplique révèle une ingénuité qui ne tient
décidément qu'à un fil. On serait presque tenté de
voir des pointes très risquées dans les répliques
suivantes, tant l'optique au théâtre est affaire déli-
cate, au point qu'un mot peut déranger la logique
d'un caractère. A sa mère, qui lui dit : « Comme
il vous est familier de remplir vos devoirs, les ver-

tus dont vous allez avoir besoin ne vous coûteront
rien, et voici les plus essentielles : c'est, d'abord,
de n'aimer que votre mari », Angélique de répondre vivement : « Et, si j'ai des amis, qu'en ferai-
je ? ». Ce n'est, dira-t-on, qu'un mot de scène, à
double entente, jeté pour piquer le public par
l'équivoque, un mot qui n'entre pour rien dans le
caractère fondamental, une concession au sensualisme et au libertinage de l'époque, et qui rappelle
les boutades du Marquis d'une autre *Ecole des
Mères* (1), celle de La Chaussée, excusant la ten-
dance courante de « mettre les amants sur le pied
des maris ». Est-ce bien sûr ? Pour peu que sa
mère la pousse, en appuyant trop sur la nécessité
de jouer les Cornélie, Angélique se révolte. « Gardez ce goût de retraite, de solitude, de modestie,
de pudeur qui me charme en vous. Ne plaisez qu'à
votre mari, et restez dans cette simplicité qui ne
vous laisse ignorer que le mal », dit Mme Argante.
Et, à peine a-t-elle tourné les talons, notre ingénue
s'écrie : « Qui ne me laisse ignorer que le mal ! Et
qu'en sait-elle ? Elle l'a donc appris ? *Eh bien, je
veux l'apprendre aussi !* »

La nuance très spéciale de l'ingénuité d'Angélique se précise encore dans la scène suivante
(Sc. IV), scène d'analyse à la Marivaux, tout
émaillée de mots d'un comique délicat et juste —
comme cette réplique d'Angélique à Lisette qui lui

-----

(1) *L'Ecole des Mères* de La Chaussée, 5 actes en vers (1744),
n'a pour ainsi dire aucune analogie avec celle de Marivaux,
bien que la mère de Marianne y réponde au nom de
Mme Argant. C'est une comédie — larmoyante, — l'une des
meilleures de cet auteur qui créa le genre entraînant au
drame moderne — et qui veut montrer ce qu'a d'odieux
l'attitude d'une mère qui délaisse un de ses enfants pour ne
s'intéresser qu'à l'autre. Marianne est une ingénue, elle aussi.
Mais l'étude du caractère est sacrifiée à la recherche des
situations. Elle ne peut être comparée ni à Agnès, ni à Angélique.

demande si elle se pliera à épouser le vieux Damis : « Moi, l'épouser ! Je t'assure que non ; c'est
bien assez qu'il m'épouse ! » — Les récriminations
d'Angélique se multiplient : « Il y a des petites
filles de sept ans qui sont plus avancées que moi.
Cela n'est-il pas ridicule ? » Et, plus loin :
« Quand je serai ma maîtresse... laisse-moi faire,
va... je veux savoir tout ce que les autres savent ! »
C'est de plus en plus catégorique. Et, quand Lisette
déclare : « Je m'en fie bien à vous ! », nous sommes d'accord avec la soubrette pour soupçonner
l'ingénue d'avoir un admirable tempérament de
grande coquette.

Lors même qu'elle s'entretiendra avec Eraste
(Sc. XIX), avec cette subtile dialectique amoureuse
que Marivaux pratique avec délice, elle nous paraî-
tra aussi artificielle, peut-être même plus encore
que tantôt. Car, en somme, l'ignorance d'Angélique a déjà eu le loisir de s'éclairer auprès de Lisette qui est une corinthienne régence adroite aux
leçons des bois sacrés. Et son innocence frise de
plus en plus la coquetterie. « Je vais comme le
« cœur me mène, sans y entendre plus de finesse ;
« j'ai du plaisir à vous voir, et je vous vois ; et si
« c'est une faute de vous avouer aussi souvent que
« je vous aime, je la mets sur votre compte, et je
« ne veux point y avoir part. » Toutefois, comme
Marivaux est un habile ouvrier, et comme nous
sommes au théâtre, il ne manque pas d'atteindre
tout à coup à la meilleure émotion. Car c'est une
chose très émouvante, et qui porte toujours, à la
scène, que l'écho d'une détresse de femme. Toutes
les impatiences même d'une ingénue sont pardon-
nées, dès qu'Angélique trahit une souffrance réelle.
Et la leçon morale de l'*Ecole des Mères*, à savoir qu'il
ne faut pas exagérer la claustration des filles, se
dégage très nettement de la tirade fameuse : « Si
« ma mère m'avait donné plus d'expérience, si

« j'avais été un peu dans le monde, je vous aime-
« rais peut-être sans vous le dire; je vous ferais
« languir pour le savoir. Je retiendrais mon cœur;
« cela n'irait pas si vite, et vous m'auriez déjà dit
« que je suis une ingrate. Mais je ne saurais me
« contrefaire. Mettez-vous à ma place : j'ai tant
« souffert de contrainte! ma mère m'a rendu la
« vie si triste! J'ai eu si peu de satisfaction! Elle
« a tant mortifié mes sentiments! Je suis si lasse
« de les cacher que, lorsque je suis contente et
« que je puis le dire, je l'ai déjà dit avant de savoir
« que j'ai parlé. Imaginez-vous à présent ce que
« c'est qu'une fille qui a toujours été gênée, qui
« est avec vous, que vous aimez, qui ne vous hait
« pas, qui vous aime, qui est franche, qui n'a
« jamais eu le plaisir de dire ce qu'elle pense, qui
« ne pensera jamais rien d'aussi touchant; et
« voyez si je puis résister à tout cela! »

C'est exact. Il est dangereux de laisser le cœur à
la merci de la première surprise. Mais il est gênant
que ce soit Angélique qui nous l'explique. Pourquoi ? Peut-être parce qu'elle raisonne trop bien,
cette petite, pour se laisser surprendre. L'amour,
disait Dufresny dans le *Jaloux, honteux de l'être*,
l'amour se prouve par l'amour. Angélique est plus
compliquée; et cela sied mal à sa simplicité de
mœurs. Quand la comédienne est habile, la tirade
porte, au théâtre. Elle prête à critique, à la lec-
ture. L'émotion tombe. L'on est fâché que ce soit
l'ingénue qui fasse le procès de l'ingénuité. Et l'on
réfléchit que Marivaux n'a pas su peindre l'*ingénue*
mais *une ingénue*, une ingénue de son siècle, « de
ce siècle commode » où, comme le disait la
Rosette de l'*Ecole des Mères* de La Chaussée, cha-
que ingénue rêvait

Ces travers éclatants
Qu'il faut avoir pour être une femme à la mode. »

*
**

Dans l'*Ecole des Femmes*, au contraire, Molière s'est bien gardé de commettre la même faute. Le génie généralise, crée des types synthétiques, d'humanité éternelle. Ainsi, l'état d'âme d'Agnès, qui est la « bonté de mœurs », est supérieur en qualité à celui d'Angélique, qui n'est qu'une apparente « simplicité de mœurs ». La scène VI, du deuxième acte, — Arnolphe et Agnès, — est la peinture de l'ingénuité totale. Le comique en est plus vif, plus franc d'allure ; il n'a pas ces roueries d'expression de la manière.de Marivaux. Il est « nature », comme les caractères des personnages.

Vraiment, elle ne raisonne pas à perte d'entendement, cette Agnès si spontanée, si vivante ! L'apparition d'Horace, dans sa vie, n'a d'abord été qu'un jeu pour elle. C'est une trouvaille, et du meilleur sel, que la tirade des révérences échangées par les deux jeunes gens. La naïveté d'Agnès y rayonne, absolue. Rien ne la pourra troubler. Elle trouvera toute naturelle l'intervention de la vieille femme intéressée aux amours d'Horace. Elle accueillera ce dernier non point, d'abord, parce qu'elle y prendra plaisir et parce que ce sera pour elle l'heureuse occasion de prendre, comme Angélique, sa revanche de toute une jeunesse de claustration et d'innocence, mais parce qu'elle voudra lui épargner une peine. Peu à peu, certes, le plaisir naîtra. Mais elle n'aura cure de l'analyser.

> Il jurait qu'il m'aimait d'une amour sans seconde,
> Et me disait des mots les plus gentils du monde,
> Des choses que jamais rien ne peut égaler
> Et dont, toutes les fois que j'en entends parler,
> La douceur me chatouille, et là-dedans remue
> Certain je ne sais quoi dont je suis toute émue.

Chose très remarquable, il n'y a, chez Marivaux,

que des mots d'amour. Il y a, ici, des gestes. Mais ces gestes sont si simples, accueillis avec une telle pureté, que le sensualisme n'est pas chez Molière.

ARNOLPHE.

Outre tous ces discours, toutes ces gentillesses,
Ne vous faisait-il point aussi quelques caresses?

AGNÈS

Oh! tant!... il me prenait et les mains et les bras,
Et de me les baiser il n'était jamais las.

Pourtant, dans *l'Ecole des Femmes*, le comique devient très hardi, quand Molière joue sur le rapt du ruban. « Ne vous a-t-il point pris, Agnès, quelque autre chose? » — « Eh! il m'a... » Oui, très hardi. Mais, surtout, très habile, et très profond. Car, voici bien le danger de l'ignorance : on peut tout perdre par excès d'innocence, parce que l'on n'est jamais en état de défense. Or, l'ingénuité d'Agnès est telle que rien ne peut la mettre sur la voie. Quand Arnolphe, de plus en plus anxieux, lui dit :

Passe pour le ruban, mais je voulais apprendre
S'il ne vous a rien fait que vous baiser les mains,

c'est en toute limpidité de cœur et d'esprit qu'Agnès lui demande :

Comment! est-ce qu'on fait d'autres choses?

Et il n'y a pas l'ombre d'une curiosité malsaine dans cette question. Agnès ne désire pas un instant d'apprendre le mal, comme le voudrait Angélique à l'image de sa mère. Elle ne conçoit même pas le mal. Et c'est précisément là qu'éclate tout le danger d'une éducation étroite à l'extrême.

ARNOLPHE

Mais, pour guérir du mal qu'il dit qui le possède,
N'a-t-il point exigé de vous d'autre remède?

AGNÈS

Non. Vous pouvez juger, s'il en eut demandé,
Que, pour le secourir, j'aurais tout accordé !

Grâce à Dieu, elle a eu affaire à un galant homme.
L'empressement d'Horace n'a fait que lui révéler
une tendresse nouvelle. Et c'est avec une douceur
émerveillée qu'elle évoque cette aube d'un amour
qui s'ignore, et qui ne s'analyse pas :

J'admire quelle joie on goûte à tout cela
Et je ne savais point encor ces choses-là !

Agnès, à l'encontre d'Angélique, est donc bien
l'ingénue totale. Il est juste de reconnaître que le
dénouement de l'*Ecole des Mères*, si semblable à
celui de l'*Ecole des Femmes*, est néanmoins plus
habilement amené que ce dernier qui tourne court
un peu comme il arrive assez fréquemment chez
Molière. Mais ce qu'il faut signaler, avant tout,
c'est la supériorité de Molière dans le naturel,
dans la spontanéité des caractères, plus humains,
moins mondains que ceux qu'étudia Marivaux
dans l'entourage de Madame de Tencin. Ce qui
fait que, tôt ou tard, sa leçon est plus forte, plus
impressionnante.

Notons, avant de finir, combien Marivaux s'obs-
tine à un parti-pris de distinction, d'élégance sou-
tenue, d'un très grand charme, mais artificiel. Les
laquais de Marivaux sont étonnamment raffinés.
Chez Molière, jamais. Deux exemples entre mille
accusent la différence. Voici, d'abord, un dialogue
de l'*Ecole des Femmes* (bien curieusement com-
menté dans *La Critique de l'Ecole des Femmes*) :

ALAIN

... C'est justement tout comme.
La femme est en effet le potage de l'homme ;
Et quand un homme voit d'autres hommes parfois
Qui veulent dans sa soupe aller tremper leurs doigts,
Il en montre aussitôt une colère extrême.

GEORGETTE

Oui ; mais pourquoi chacun n'en fait-il pas de même,
Et que nous en voyons qui paraissent joyeux
Lorsque leurs femmes sont *avec les biaux monsieux ?*

Valet et soubrette sont croqués sur le vif. Quoique la traduction soit difficile dans le dialogue en vers, la couleur et le ton y sont.

Il est impossible d'en dire autant des valets de l'*Ecole des Mères* :

LISETTE

Tu sais à qui Madame marie Angélique, ma maîtresse ?

FRONTIN

Oui ; je pense que ce sont à peu près soixante ans qui en
[épousent dix-sept.

LISETTE

Tu vois bien que ce mariage-là ne convient point.

FRONTIN

Oui ; il menace de stérilité ; les héritiers en seront nuls,
[ou... auxiliaires.

Et cela continue toujours dans les mêmes demi-teintes de très bonne compagnie.

En somme, l'*Ecole des Mères*, un peu comme tout le théâtre de Marivaux, est un agréable amusement, un jeu raffiné. Ce n'est ni une œuvre de bonne psychologie générale, ni robuste comme théâtre. Comme écriture même, ce n'est pas toujours la perfection, et c'est rarement la sincérité. Mais il y a une virtuosité romanesque, une escrime sentimentale qui ne manquent pas de charme. C'est un jolie chose artificielle, un peu perverse, qui triomphe par la grâce et la distinction. Si Marivaux a écrit : « J'ai tâché de saisir le langage des conversations et la tournure des idées familières », on ne peut lui accorder qu'il y ait réussi ailleurs que dans un petit cercle restreint, qui n'est pas toute l'humanité qu'embrasse le génial regard de Molière. Mais il est indéniable qu'il possède un art d'orfèvre, une souplesse et un brio d'aimable causeur qui font qu'à maintes reprises l'on est tenté de s'écrier, comme le capricieux Arlequin du *Jeu de l'Amour et du Hasard* : « Je voudrais bien pouvoir baiser ces petits mots-là ! »

Et la fréquentation d'un tel artiste est opportune à une époque comme la nôtre où, sous prétexte de cultiver par religion d'héroïsme l'argot des tranchées, les gens les plus délicats s'entraînent à mal parler et abusent du vocabulaire que nous ont légué les pittoresques et picaresques crocheteurs du Port-au-Foin.

PIERRE GUITET-VAUQUELIN.

L'ÉCOLE DES MÈRES

COMÉDIE

SCÈNE PREMIÈRE

ÉRASTE, sous le nom de LA RAMÉE et avec une livrée ; LISETTE

LISETTE

Oui, vous voilà fort bien déguisé, et avec cet habit-là, vous disant mon cousin, je crois que vous pouvez paraître ici en toute sûreté. Il n'y a que votre air qui n'est pas trop d'accord avec la livrée.

ÉRASTE.

Il n'y a rien à craindre. Je n'ai pas même, en entrant, fait mention de notre parenté. J'ai dit que je voulais te parler, et l'on m'a répondu que je te trouverais ici, sans m'en demander davantage.

LISETTE.

Je crois que vous devez être content du zèle avec lequel je vous sers. Je m'expose à tout, et ce que je fais pour vous n'est pas trop dans l'ordre ; mais vous êtes un honnête homme, vous aimez ma jeune maîtresse, elle vous aime. Je crois qu'elle sera plus heureuse avec vous qu'avec celui que sa mère lui destine, et cela calme un peu mes scrupules.

ÉRASTE.

Elle m'aime, dis-tu ? Lisette, puis-je me flatter d'un si grand bonheur ? Moi qui ne l'ai vue qu'en passant dans nos promenades, qui ne lui ai prouvé mon amour que par mes regards, et qui n'ai pu lui parler que deux fois pendant que sa mère s'écartait avec d'autres dames ; elle m'aime !

LISETTE.

Très tendrement. Mais voici un domestique de la maison qui vient ; c'est Frontin, qui ne me hait pas ; faites bonne contenance.

SCÈNE II

FRONTIN, LISETTE, ÉRASTE.

FRONTIN.

Ah ! te voilà, Lisette ! Avec qui es-tu donc là ?

LISETTE.

Avec un de mes parents qui s'appelle La Ramée, et dont le maître, qui est ordinairement en province, est venu ici pour affaire ; et il profite du séjour qu'il y fait pour me voir.

FRONTIN.

Un de tes parents, dis-tu ?

LISETTE.

Oui.

FRONTIN.

C'est-à-dire un cousin ?

LISETTE.

Sans doute.

FRONTIN.

Hum ! il a l'air d'un cousin de bien loin ; il n'a point la tournure d'un parent, ce garçon-là.

LISETTE.

Qu'est-ce que tu veux dire avec sa tournure ?

FRONTIN

Je veux dire que ce n'est, par ma foi, que de la fausse monnaie que tu me donnes, et que, si le diable emportait ton cousin, il ne t'en resterait pas un parent de moins.

ÉRASTE

Eh ! pourquoi pensez-vous qu'elle vous trompe ?

FRONTIN

Hum ! quelle physionomie de fripon ! Mons de La Ramée, je vous avertis que j'aime Lisette et que je veux l'épouser tout seul.

LISETTE

Il est pourtant nécessaire que je lui parle pour une affaire de famille qui ne te regarde pas.

FRONTIN

Oh ! parbleu ! que les secrets de famille s'accommodent ; moi, je reste.

LISETTE

Il faut prendre son parti, Frontin !

FRONTIN

Après ?

LISETTE

Serais-tu capable de rendre un service à un honnête homme, qui t'en récompenserait bien?

FRONTIN

Honnête homme ou non, son honneur est de trop dès qu'il récompense.

LISETTE

Tu sais à qui madame marie Angélique, ma maîtresse?

FRONTIN

Oui, je pense que c'est à peu près soixante ans qui en épousent dix-sept.

LISETTE

Tu vois bien que ce mariage là ne convient point.

FRONTIN

Oui, il menace la stérilité : les héritiers en seront nuls ou auxiliaires.

LISETTE

Ce n'est qu'à regret qu'Angélique obéit, d'autant plus que le hasard lui a fait connaître un aimable homme qui a touché son cœur.

FRONTIN

Le cousin La Ramée pourrait bien nous venir de là.

LISETTE

Tu l'as dit, c'est cela même.

ÉRASTE

Oui, mon enfant, c'est moi.

FRONTIN

Eh ! que ne disiez-vous ? En ce cas-là, je vous pardonne votre figure, et je suis tout à vous. Voyons, que faut-il faire ?

ÉRASTE

Rien que favoriser une entrevue que Lisette va me procurer ce soir, et tu seras content de moi.

FRONTIN

Je le crois ; mais qu'espérez-vous de cette entrevue, car on signe le contrat ce soir ?

LISETTE]

Eh bien ! pendant que la compagnie, avant le souper, sera dans l'appartement de madame, monsieur nous attendra dans cette salle-ci, sans lumière pour n'être point vu, et nous y viendrons, Angélique et moi, pour examiner le parti qu'il y aura à prendre.

FRONTIN

Ce n'est pas de l'entretien dont je doute ; mais à quoi aboutira-t-il ? Angélique est une Agnès élevée dans la plus sévère contrainte, et qui, malgré son penchant pour vous, n'aura que des regrets, des larmes et de la frayeur à vous donner. Est-ce que vous avez dessein de l'enlever ?

ÉRASTE

Ce serait un parti bien extrême.

FRONTIN

Et dont l'extrémité ne vous ferait pas grand'peur, n'est-il pas vrai ?

LISETTE

Pour nous, Frontin, nous ne nous chargeons
que de faciliter l'entretien, auquel je serai présente ; mais de ce qu'on y résoudra, nous n'y trem-
pons point, cela ne nous regarde pas.

FRONTIN

Oh ! si fait, cela nous regarderait un peu si cette
petite conversation nocturne que nous leur ména-
geons dans la salle était découverte, d'autant plus
qu'une des portes de la salle aboutit au jardin, que
du jardin on va à une petite porte qui rend dans
la rue, et qu'à cause de la salle où nous les met-
trons, nous répondrons de toutes ces petites
portes-là, qui sont de notre connaissance. Mais
tout coup vaille ; pour se mettre à son aise, il faut
quelquefois risquer son honneur. Il s'agit d'ailleurs d'une jeune victime qu'on veut sacrifier et je
crois qu'il est généreux d'avoir part à sa délivrance,
sans s'embarrasser de quelle façon elle s'opérera.
Monsieur paiera bien, cela grossira ta dot, et nous
ferons une action qui joindra l'utile au louable.

ÉRASTE

Ne vous inquiétez de rien ; je n'ai point envie
d'enlever Angélique, et je ne veux que l'exciter à
refuser l'époux qu'on lui destine. Mais la nuit
s'approche : où me retirerai-je en attendant le
moment où je verrai Angélique ?

LISETTE

Comme on ne sait encore qui vous êtes, en cas
qu'on vous fît quelques questions, au lieu d'être

mon cousin, soyez celui de Frontin, et retirez-vous
dans sa chambre, qui est à côté de cette salle, et
d'où Frontin pourra vous amener quand il faudra.

FRONTIN

Oui-da, monsieur ; disposez de mon appartement.

LISETTE

Allez tout à l'heure, car il faut que je prévienne
Angélique, qui assurément sera charmée de vous
voir, mais qui ne sait pas que vous êtes ici, et à
qui je dirai d'abord qu'il y a un domestique dans
la chambre de Frontin qui demande à lui parler
de votre part. Mais sortez, j'entends quelqu'un
qui vient.

FRONTIN

Allons, cousin, sauvons-nous.

LISETTE

Non, restez, c'est la mère d'Angélique ; elle vous
verrait fuir ; il vaut mieux que vous demeuriez.

SCÈNE III

LISETTE, FRONTIN, ÉRASTE,
MADAME ARGANTE

MADAME ARGANTE

Où est donc ma fille, Lisette ?

LISETTE

Apparemment qu'elle est dans sa chambre,
Madame.

MADAME ARGANTE

Qui est ce garçon-là ?

FRONTIN

Madame, c'est un garçon de condition, comme vous voyez, qui m'est venu voir, et à qui je m'intéresse parce que nous sommes fils des deux frères. Il n'est pas content de son maître ; ils se sont brouillés ensemble, et il vient me demander si je ne sais pas quelque maison dont il pût s'accommoder.

MADAME ARGANTE

Sa physionomie est assez bonne. Chez qui avez-vous servi, mon enfant ?

ÉRASTE

Chez un officier du régiment du roi, Madame.

MADAME ARGANTE

Eh bien ! je parlerai de vous à monsieur Damis, qui pourra vous donner à ma fille. Demeurez ici jusqu'à ce soir, et laissez-nous. Restez, Lisette.

SCÈNE IV

MADAME ARGANTE, LISETTE

MADAME ARGANTE

Ma fille vous dit assez volontiers ses sentiments, Lisette ; dans quelle disposition d'esprit est-elle pour le mariage que nous allons conclure ? Elle ne m'a marqué du moins aucune répugnance.

LISETTE

Ah ! Madame, elle n'oserait vous en marquer quand elle en aurait : c'est une jeune et timide personne, à qui jusqu'ici son éducation n'a rien appris qu'à obéir.

MADAME ARGANTE

C'est, je pense, ce qu'elle pouvait apprendre de mieux à son âge.

LISETTE

Je ne dis pas le contraire.

MADAME ARGANTE

Mais enfin, vous paraît-elle contente ?

LISETTE

Y peut-on rien connaître ? Vous savez qu'à peine ose-t-elle lever les yeux, tant elle a peur de sortir de cette modestie sévère que vous voulez qu'elle ait. Tout ce que j'en sais, c'est qu'elle est triste.

MADAME ARGANTE

Oh ! je le crois ; c'est une marque qu'elle a le cœur bon : elle va se marier, elle me quitte, elle m'aime, et notre séparation est douloureuse.

LISETTE

Eh ! eh ! ordinairement, pourtant, une fille qui va se marier est assez gaie.

MADAME ARGANTE

Oui, une fille dissipée, élevée dans un monde coquet, qui a plus entendu parler d'amour que de vertu, et que mille jeunes étourdis ont eu l'impertinente liberté d'entretenir de cajoleries ; mais une fille retirée, qui vit sous les yeux de sa mère et dont rien n'a gâté ni le cœur ni l'esprit, ne laisse pas que d'être alarmée quand elle change d'état. Je connais Angélique et la simplicité de ses mœurs ; elle n'aime pas le monde, et je suis sûre qu'elle ne me quitterait jamais si je l'en laissais la maîtresse.

LISETTE

Cela est singulier.

MADAME ARGANTE

Oh ! j'en suis sûre. A l'égard du mari que je lui donne, je ne doute pas qu'elle n'approuve mon choix : c'est un homme très riche, très raisonnable.

LISETTE

Pour raisonnable, il a eu le temps de le devenir.

MADAME ARGANTE

Oui, un peu vieux, à la vérité, mais doux, mais complaisant, attentif, aimable.

LISETTE

Aimable ! Prenez donc garde, Madame ; il a soixante ans, cet homme.

MADAME ARGANTE

Il est bien question de l'âge d'un mari avec une fille élevée comme la mienne !

LISETTE

Oh ! s'il n'en est pas question avec mademoiselle

votre fille, il n'y aura guère eu de prodige de cette force-là !

MADAME ARGANTE

Qu'entendez-vous avec votre prodige ?

LISETTE

J'entends qu'il faut, le plus qu'on peut, mettre la vertu des gens à son aise, et que celle d'Angélique ne sera pas sans fatigue.

MADAME ARGANTE

Vous avez de sottes idées, Lisette ; les inspirez-vous à ma fille ?

LISETTE

Oh ! que non, Madame ; elle les trouvera bien sans que je m'en mêle.

MADAME ARGANTE

Eh ! pourquoi, de l'humeur dont elle est, ne serait-elle pas heureuse ?

LISETTE

C'est qu'elle ne sera point de l'humeur dont vous dites. Cette humeur-là n'est nulle part.

MADAME ARGANTE

Il faudrait qu'elle l'eût bien difficile, si elle ne s'accommodait pas d'un homme qui l'adorera.

LISETTE

On adore mal à son âge.

MADAME ARGANTE

Qui ira au-devant de tous ses désirs.

LISETTE

Ils seront donc bien modestes !

MADAME ARGANTE

Taisez-vous ! Je ne sais de quoi je m'avise de vous écouter.

LISETTE

Vous m'interrogez, et je vous réponds sincèrement.

MADAME ARGANTE

Allez dire à ma fille qu'elle vienne.

LISETTE

Il n'est pas besoin de l'aller chercher, Madame ; la voilà qui passe, et je vous laisse.

SCÈNE V

ANGÉLIQUE, MADAME ARGANTE

MADAME ARGANTE

Venez, Angélique ; j'ai à vous parler.

ANGÉLIQUE *modestement*

Que souhaitez-vous, ma mère ?

MADAME ARGANTE

Vous voyez, ma fille, ce que je fais aujourd'hui pour vous. Ne tenez-vous pas compte à ma tendresse du mariage avantageux que je vous procure ?

ANGÉLIQUE, *faisant la révérence*

Je ferai tout ce qu'il vous plaira, ma mère.

MADAME ARGANTE

Je vous demande si vous me savez gré du parti que je vous donne? Ne trouvez-vous pas qu'il est heureux pour vous d'épouser un homme comme monsieur Damis, dont la fortune, dont le caractère sûr et plein de raison, vous assurent une vie douce et paisible, telle qui convient à vos mœurs et aux sentiments que je vous ai toujours inspirés? Allons, répondez, ma fille.

ANGÉLIQUE

Vous me l'ordonnez donc?

MADAME ARGANTE

Oui, sans doute. Voyons, n'êtes-vous pas satisfaite de votre sort?

ANGÉLIQUE

Mais...

MADAME ARGANTE

Quoi! mais... Je veux qu'on me réponde raisonnablement; je m'attends à votre reconnaissance, et non pas à des mais...

ANGÉLIQUE, *saluant*

Je n'en dirai plus, ma mère.

MADAME ARGANTE

Je vous dispense des révérences; dites-moi ce que vous pensez?

ANGÉLIQUE

Ce que je pense?

MADAME ARGANTE

Oui. Comment regardez-vous le mariage en question?

ANGÉLIQUE

Mais...

MADAME ARGANTE

Toujours des mais.

ANGÉLIQUE

Je vous demande pardon; je n'y songeais pas, ma mère.

MADAME ARGANTE

Eh bien! songez-y donc, et souvenez-vous qu'ils me déplaisent. Je vous demande quelles sont les dispositions de votre cœur dans cette conjoncture-ci? Ce n'est pas que je doute que vous soyez contente, mais je voudrais vous l'entendre dire vous-même.

ANGÉLIQUE

Les dispositions de mon cœur? Je tremble de ne pas répondre à votre fantaisie.

MADAME ARGANTE

Eh! pourquoi ne répondriez-vous pas à ma fantaisie?

ANGÉLIQUE

C'est que ce que je dirais vous fâcherait peut-être.

MADAME ARGANTE

Parlez bien, et je ne me fâcherai point. Est-ce que vous n'êtes point de mon sentiment? Êtes-vous plus sage que moi?

ANGÉLIQUE

C'est que je n'ai point de dispositions dans le
cœur.

MADAME ARGANTE

Et qu'y avez-vous donc, Mademoiselle ?

ANGÉLIQUE

Rien du tout.

MADAME ARGANTE

Rien ! Qu'est-ce que rien ? Ce mariage ne vous
plaît donc pas ?

ANGÉLIQUE

Non.

MADAME ARGANTE, *en colère*

Comment ! il vous déplaît ?

ANGÉLIQUE

Non, ma mère.

MADAME ARGANTE

Eh ! parlez donc ! car je commence à vous entendre : c'est-à-dire, ma fille, que vous n'avez point
de volonté ?

ANGÉLIQUE

J'en aurai pourtant une, si vous le voulez.

MADAME ARGANTE

Il n'est pas nécessaire : vous faites encore mieux
d'être comme vous êtes, de vous laisser conduire
et de vous en fier entièrement à moi. Oui, vous
avez raison, ma fille, et ces dispositions d'indiffé-
rence sont les meilleures. Aussi voyez-vous que

vous en êtes récompensée. Je ne vous donne pas un jeune extravagant qui vous négligerait peut-être au bout de quinze jours, qui dissiperait son bien et le vôtre pour courir après mille passions libertines ; je vous marie à un homme sage, à un homme dont le cœur est sûr, et qui saura tout le prix de la vertueuse innocence du vôtre.

ANGÉLIQUE

Pour innocente, je le suis.

MADAME ARGANTE

Oui, grâce à mes soins, je vous vois telle que j'ai toujours souhaité que vous fussiez. Comme il vous est familier de remplir vos devoirs, les vertus dont vous allez avoir besoin ne vous coûteront rien, et voici les plus essentielles : c'est, d'abord, de n'aimer que votre mari.

ANGÉLIQUE

Et si j'ai des amis, qu'en ferai-je ?

MADAME ARGANTE

Vous n'en devez point avoir d'autres que ceux de Monsieur Damis, aux volontés de qui vous vous conformerez toujours, ma fille. Nous sommes sur ce pied-là dans le mariage.

ANGÉLIQUE

Ses volontés ? Eh ! que deviendront les miennes ?

MADAME ARGANTE

Je sais que cet article-là a quelque chose d'un peu mortifiant, mais il faut s'y rendre, ma fille : c'est une espèce de loi qu'on nous a imposée, et qui dans le fond nous fait honneur, car, entre deux personnes qui vivent ensemble, c'est toujours la plus raisonnable qu'on charge d'être la plus docile; et cette docilité-là vous sera facile, car vous n'avez jamais eu de volonté avec moi, vous ne connaissez que l'obéissance.

ANGÉLIQUE

Oui, mais mon mari ne sera pas ma mère.

MADAME ARGANTE

Vous lui devez encore plus qu'à moi, Angélique, et je suis sûre qu'on n'aura rien à vous reprocher là-dessus. Je vous laisse. Songez à tout ce que je vous ai dit, et, surtout, gardez ce goût de retraite, de solitude, de modestie, de pudeur, qui me charme en vous. Ne plaisez qu'à votre mari, et restez dans cette simplicité qui ne vous laisse ignorer que le mal. Adieu, ma fille.

SCÈNE VI

ANGÉLIQUE, LISETTE

ANGÉLIQUE, *un moment seule*

Qui ne me laisse ignorer que le mal! Et qu'en sait-elle? Elle l'a donc appris? Eh bien! je veux l'apprendre aussi.

LISETTE, *survient*

Eh bien! Mademoiselle, à quoi en êtes-vous?

ANGÉLIQUE

J'en suis à m'affliger, comme tu vois.

3

LISETTE

Qu'avez-vous dit à votre mère ?

ANGÉLIQUE

Eh ! tout ce qu'elle a voulu.

LISETTE

Vous épouserez donc monsieur Damis ?

ANGÉLIQUE

Moi, l'épouser ! Je t'assure que non : c'est bien assez qu'il m'épouse.

LISETTE

Oui, mais vous n'en serez pas moins sa femme.

ANGÉLIQUE

Eh bien ! ma mère n'a qu'à l'aimer pour nous deux, car, pour moi, je n'aimerai jamais qu'Eraste.

LISETTE

Il le mérite bien.

ANGÉLIQUE

Oh ! pour cela, oui. C'est lui qui est aimable, qui est complaisant, et non pas ce monsieur Damis, que ma mère a été prendre je ne sais où ; qui ferait bien mieux d'être mon grand-père que mon mari ; qui me glace quand il me parle, et qui m'appelle toujours : « Ma belle personne ! » Comme si on s'embarrassait beaucoup d'être belle ou laide avec lui ; au lieu que tout ce que me dit Eraste est si touchant ! On voit que c'est du fond du cœur qu'il parle, et j'aimerais mieux être sa

.femme seulement huit jours que de l'être toute
ma vie de l'autre.

LISETTE

On dit qu'il est au désespoir, Eraste.

ANGÉLIQUE

Eh ! comment veut-il que je fasse? Hélas ! je
sais bien qu'il sera inconsolable! N'est-on pas bien
à plaindre, quand on s'aime tant, de n'être pas
ensemble? Ma mère dit qu'on est obligé d'aimer
son mari : eh bien ! qu'on me donne Eraste, je
l'aimerai tant qu'on voudra. Puisque je l'aime
avant que d'y être obligée, je n'aurai garde d'y
manquer quand il le faudra. Cela me sera bien
commode.

LISETTE

Mais, avec ces sentiments-là, que ne refusez-
vous courageusement Damis ? Il est encore temps.
Vous êtes d'une vivacité étonnante avec moi, et
vous tremblez devant votre mère. Il faudrait lui
dire ce soir: « Cet homme-là est trop vieux pour
moi ; je ne l'aime point, je le hais, je le haïrai, et
je ne saurais l'épouser. »

ANGÉLIQUE

Tu as raison ; mais, quand ma mère me parle,
je n'ai plus d'esprit. Cependant je sens que j'en ai
assurément, et j'en aurais bien davantage si elle
avait voulu ; mais n'être jamais qu'avec elle, n'entendre que des préceptes qui me lassent, ne faire
que des lectures qui m'ennuient, est-ce là le moyen
d'avoir de l'esprit? Qu'est-ce que cela apprend? Il

y **a** des petites filles de sept ans qui sont plus avancées que moi. Cela n'est-il pas ridicule? Je n'ose pas seulement ouvrir ma fenêtre. Voyez, je vous prie, de quel air on m'habille! Suis-je vêtue comme une autre? Regardez comme me voilà faite! Ma mère appelle cela un habit modeste; il n'y a donc de la modestie nulle part qu'ici, car je ne vois que moi d'enveloppée comme cela : aussi suis-je d'une enfance, d'une curiosité! Je ne porte point de rubans; mais qu'est-ce que ma mère y gagne? que j'ai des émotions quand j'en aperçois. Elle ne m'a laissé voir personne, et, avant que je connusse Eraste, le cœur me battait quand j'étais regardée par un jeune homme. Voilà pourtant ce qui m'est arrivé.

LISETTE

Votre naïveté me fait rire.

ANGÉLIQUE

Mais est-ce que je n'ai pas raison? Serais-je de même si j'avais joui d'une liberté honnête? En vérité, si je n'avais pas le cœur bon, tiens, je crois que je haïrais ma mère d'être cause que j'ai des émotions pour des choses dont je suis sûre que je ne me soucierais pas si je les avais. Aussi, quand je serai ma maîtresse!... Laisse-moi faire, va... je veux savoir tout ce que les autres savent.

LISETTE

Je m'en fie bien à vous.

ANGÉLIQUE

Moi qui suis naturellement vertueuse, sais-tu

bien que je m'endors quand j'entends parler de
sagesse ? sais-tu bien que je serai fort heureuse de
n'être pas coquette ? Je ne le serai pourtant pas,
mais ma mère mériterait bien que je la devinsse.

LISETTE

Ah ! si elle pouvait vous entendre et jouir du
fruit de sa sévérité ! Mais parlons d'autre chose.
Vous aimez Eraste !

ANGÉLIQUE

Vraiment oui, je l'aime, pourvu qu'il n'y ait
point de mal à avouer cela ; car je suis si igno-
rante ! Je ne sais point ce qui est permis ou non,
au moins.

LISETTE

C'est un aveu sans conséquence avec moi.

ANGÉLIQUE

Oh ! sur ce pied-là, je l'aime beaucoup, et je ne
puis me résoudre à le perdre.

LISETTE

Prenez donc une bonne résolution de n'être pas
à un autre. Il y a ici un domestique à lui qui a
une lettre à vous rendre de sa part.

ANGÉLIQUE, charmée

Une lettre de sa part ! Eh ! tu ne m'en disais
rien ! Où est-elle ? Oh ! que j'aurais de plaisir à la
lire ! Donne-moi-la donc ! Où est ce domestique ?

LISETTE

Doucement, modérez cet empressement-là : cachez-en du moins une partie à Eraste. Si par hasard vous lui parliez, il y aurait du trop.

ANGÉLIQUE

Oh dame ! c'est encore ma mère qui en est cause. Mais est-ce que je pourrai le voir ? Tu me parles de lui et de sa lettre, et je ne vois ni l'un ni l'autre.

SCÈNE VII

LISETTE, ANGÉLIQUE, FRONTIN, ÉRASTE

LISETTE, à Angélique

Tenez, voici ce domestique que Frontin nous amène.

ANGÉLIQUE

Frontin ne dira-t-il rien à ma mère ?

LISETTE

Ne craignez rien, il est dans vos intérêts, et ce domestique passe pour son parent.

FRONTIN, tenant une lettre

Le valet de monsieur Eraste vous apporte une lettre que voici, Madame.

ANGÉLIQUE, gravement

Donnez. (*A Lisette.*) Suis-je assez sérieuse ?

LISETTE

Fort bien.

ANGÉLIQUE

« Que viens-je d'apprendre ! on dit que vous
« vous mariez ce soir. Si vous concluez sans me

« permettre de vous voir, je ne me soucie plus de
« la vie. » (*Et en s'interrompant*). Il ne se soucie
plus de la vie, Lisette ! (*Elle achève de lire.*) Adieu ;
J'attends votre réponse et je me meurs. » (*Après
qu'elle a lu.*) Cette lettre-là me pénètre ; il n'y a
pas de modération qui tienne, Lisette ; il faut que
je lui parle, et je ne veux pas qu'il meure. Allez
lui dire qu'il vienne ; on le fera entrer comme on
pourra.

ÉRASTE, *se jetant à ses genoux*

Vous ne voulez point que je meure, et vous vous
mariez, Angélique !

ANGÉLIQUE

Ah ! c'est vous, Eraste ?

ÉRASTE

A quoi vous déterminez-vous donc ?

ANGÉLIQUE

Je ne sais ; je suis trop émue pour vous répondre.
Levez-vous.

ÉRASTE, *se levant*

Mon désespoir vous touchera-t-il ?

ANGÉLIQUE

Est-ce que vous n'avez pas entendu ce que j'ai
dit ?

ÉRASTE

Il m'a paru que vous m'aimiez un peu.

ANGÉLIQUE

Non, non, il vous a paru mieux que cela ; car
j'ai dit bien franchement que je vous aime ; mais

il faut m'excuser, Eraste, car je ne savais pas que vous étiez là.

ÉRASTE

Est-ce que vous seriez fâchée de ce qui vous est échappé ?

ANGÉLIQUE

Moi, fâchée ! Au contraire, je suis bien aise que vous l'ayez appris sans qu'il y ait de ma faute ; je n'aurai plus la peine de vous le cacher.

FRONTIN

Prenez garde qu'on ne vous surprenne.

LISETTE

Il a raison ; je crois que quelqu'un vient. Retirez-vous, Madame.

ANGÉLIQUE

Mais je crois que vous n'avez pas eu le temps de me dire tout.

ÉRASTE

Hélas ! Madame, je n'ai encore fait que vous voir, et j'ai besoin d'un entretien pour vous résoudre à me sauver la vie.

ANGÉLIQUE, en s'en allant

Ne lui donneras-tu pas le temps de me résoudre, Lisette ?

LISETTE

Oui, Frontin et moi nous aurons soin de tout. Vous allez nous revoir bientôt, mais retirez-vous.

SCÈNE VIII

LISETTE, FRONTIN, ÉRASTE, CHAMPAGNE

LISETTE

Qui est-ce qui entre là ? C'est le valet de monsieur Damis.

ÉRASTE, *vite*

Eh ! d'où le connaissez-vous ? C'est le valet de mon père, et non pas de monsieur Damis, qui m'est inconnu.

LISETTE

Vous vous trompez ; ne vous déconcertez pas.

CHAMPAGNE

Bonsoir, la jolie fille ; bonsoir, Messieurs. Je viens attendre ici mon maître, qui m'envoie dire qu'il va venir, et je suis charmé d'une rencontre... (*En regardant Eraste.*) Mais comment appelez-vous Monsieur ?

ÉRASTE

Vous importe-t-il de savoir que je m'appelle La Ramée ?

CHAMPAGNE

La Ramée ? Eh ! pourquoi est-ce que vous portez ce visage-là ?

ÉRASTE

Pourquoi ? la belle question ! parce que je n'en ai pas reçu d'autre. Adieu, Lisette ; le début de ce butor-là m'ennuie.

SCÈNE IX

CHAMPAGNE, FRONTIN, LISETTE

FRONTIN

Je voudrais bien savoir à qui tu en as. Est-ce qu'il n'est pas permis à mon cousin La Ramée d'avoir son visage ?

CHAMPAGNE

Je veux bien que monsieur La Ramée en ait un ; mais il ne lui est pas permis de se servir de celui d'un autre.

LISETTE

Comment, celui d'un autre ; Qu'est-ce que cette folie-là ?

CHAMPAGNE

Oui, celui d'un autre : en un mot, cette mine-là ne lui appartient point : elle n'est point à sa place ordinaire, ou bien j'ai vu la pareille à quelqu'un que je connais.

FRONTIN, *riant*

C'est peut-être une physionomie à la mode, et La Ramée en aura pris une.

LISETTE, *riant*

Voilà bien, en effet, des discours d'un butor comme toi, Champagne ! Est-ce qu'il n'y a pas mille gens qui se ressemblent ?

CHAMPAGNE

Cela est vrai ; mais qu'il appartienne à ce qu'il

voudra, je ne m'en soucie guère : chacun a le sien. Il n'y a que vous, mademoiselle Lisette, qui n'avez celui de personne, car vous êtes plus jolie que tout le monde ; il n'y a rien de si aimable que vous.

FRONTIN

Halte-là ! laisse ce minois-là en repos. Ton éloge le déshonore.

CHAMPAGNE

Ah ! monsieur Frontin, ce que j'en dis, c'est en cas que vous n'aimiez pas Lisette, comme cela peut arriver, car chacun n'est pas du même goût.

FRONTIN

Paix ! vous dis-je, car je l'aime.

CHAMPAGNE

Et vous, mademoiselle Lisette ?

LISETTE

Tu joues de malheur, car je l'aime.

CHAMPAGNE

Je l'aime, partout je l'aime ! Il n'y a donc rien pour moi ?

LISETTE, *en s'en allant*

Une révérence de ma part.

FRONTIN, *en s'en allant*

Des injures de la mienne, et quelques coups de poing, si tu veux.

CHAMPAGNE

Ah ! n'ai-je pas fait là une belle fortune !

SCÈNE X

M. DAMIS, CHAMPAGNE

M. DAMIS

Ah ! te voilà ?

CHAMPAGNE

Oui, Monsieur, on vient de m'apprendre qu'il n'y a rien pour moi, et ma part ne me donne pas une bonne opinion de la vôtre.

M. DAMIS

Qu'entends-tu par là ?

CHAMPAGNE

C'est que Lisette ne veut point de moi, et, outre cela, j'ai vu la physionomie de monsieur votre fils sur le visage d'un valet.

M. DAMIS

Je n'y comprends rien. Laisse-nous : voici madame Argante et Angélique.

SCÈNE XI

MADAME ARGANTE, ANGÉLIQUE, M. DAMIS

MADAME ARGANTE

Vous venez sans doute d'arriver, Monsieur ?

M. DAMIS

Oui, Madame, en ce moment.

MADAME ARGANTE

Il y a déjà bonne compagnie assemblée chez moi, c'est-à-dire une partie de ma famille avec quelques-uns de nos amis : car, pour les vôtres, vous n'avez pas voulu leur confier votre mariage.

M. DAMIS

Non, Madame : j'ai craint qu'on n'enviât mon bonheur, et j'ai voulu me l'assurer en secret. Mon fils même ne sait rien de mon dessein, et c'est à cause de cela que je vous ai priée de vouloir bien me donner le nom de Damis, au lieu de celui d'Orgon, qu'on mettra dans le contrat.

MADAME ARGANTE

Vous êtes le maître, Monsieur. Au reste, il n'appartient point à une mère de vanter sa fille ; je crois vous faire un présent digne d'un honnête homme comme vous. Il est vrai que les avantages que vous lui faites...

M. DAMIS

Oh ! Madame, n'en parlons point, je vous prie. C'est à moi à vous remercier toutes deux, et je n'ai pas dû espérer que cette belle personne fît grâce au peu que je vaux.

ANGÉLIQUE, *à part*

Belle personne !

M. DAMIS

Tous les trésors du monde ne sont rien au prix de la beauté et de la vertu qu'elle m'apporte en mariage.

MADAME ARGANTE

Pour de la vertu, vous lui rendez justice... Mais, Monsieur, on vous attend. Vous savez que j'ai permis que nos amis se déguisassent et fissent une espèce de petit bal tantôt ; le voulez-vous bien ? C'est le premier que ma fille aura vu.

M. DAMIS

Comme il vous plaira, Madame.

MADAME ARGANTE

Allons donc rejoindre la compagnie.

M. DAMIS

Oserais-je auparavant vous prier d'une chose, Madame ? Daignez, à la faveur de notre union prochaine, m'accorder un petit moment d'entretien avec Angélique : c'est une satisfaction que je n'ai pas eue jusqu'ici.

MADAME ARGANTE

J'y consens, Monsieur ; on ne peut vous le refuser dans la conjoncture présente, et ce n'est pas apparemment pour éprouver le cœur de ma fille ? Il n'est pas encore temps qu'il se déclare tout à fait ; il doit vous suffire qu'elle obéit sans répugnance, et c'est ce que vous pouvez dire à Monsieur, Angélique ; je vous le permets, entendez-vous !

ANGÉLIQUE

J'entends, ma mère.

SCÈNE XII

ANGÉLIQUE, M. DAMIS

M. DAMIS

Enfin, charmante Angélique, je puis donc sans témoins vous jurer une tendresse éternelle ! Il est vrai que mon âge ne répond pas au vôtre.

ANGÉLIQUE

Oui, il y a bien de la différence.

M. DAMIS.

Cependant on me flatte que vous acceptez ma main sans répugnance.

ANGÉLIQUE

Ma mère le dit.

M. DAMIS

Et elle vous a permis de me le confirmer vous-même.

ANGÉLIQUE

Oui, mais on n'est pas obligé d'user des permissions qu'on a.

M. DAMIS

Est-ce par modestie, est-ce par dégoût que vous me refusez l'aveu que je demande ?

ANGÉLIQUE

Non, ce n'est pas par modestie.

M. DAMIS

Que me dites-vous là ! C'est donc par dégoût?... Vous ne me répondez rien ?

ANGÉLIQUE

C'est que je suis polie.

M. DAMIS

Vous n'auriez donc rien de favorable à me répondre ?

ANGÉLIQUE

Il faut que je me taise encore.

M. DAMIS

Toujours par politesse ?

ANGÉLIQUE

Oh ! toujoûrs.

M. DAMIS

Parlez-moi franchement : est-ce que vous me haïssez ?

ANGÉLIQUE

Vous embarrassez encore mon savoir-vivre. Seriez-vous bien aise si je vous disais oui ?

M. DAMIS

Vous pourriez dire non.

ANGÉLIQUE

Encore moins, car je mentirais.

M. DAMIS

Quoi ! vos sentiments vont jusqu'à la haine, Angélique ? J'aurais cru que vous vous contentiez de ne pas m'aimer.

ANGÉLIQUE

Si vous vous en contentez, et moi aussi ; et s'il

n'est pas malhonnête d'avouer aux gens qu'on ne les aime point, je ne serai plus embarrassée.

M. DAMIS

Et vous me l'avoueriez?

ANGÉLIQUE

Tant qu'il vous plaira.

M. DAMIS

C'est une répétition dont je ne suis point curieux, et ce n'était pas là ce que votre mère m'avait fait entendre.

ANGÉLIQUE

Oh! vous pouvez vous en fier à moi. Je sais mieux cela que ma mère; elle a pu se tromper, mais, pour moi, je vous dis la vérité.

M. DAMIS

Qui est que vous ne m'aimez point?

ANGÉLIQUE

Oh! du tout. Je ne saurais, et ce n'est pas par malice : c'est naturellement. Et vous, qui êtes, à ce qu'on dit, un si honnête homme, si, en faveur de ma sincérité, vous vouliez ne me plus aimer et me laisser là! car aussi bien je ne suis pas si belle que vous le croyez. Tenez, vous en trouverez cent qui vaudront mieux que moi.

M. DAMIS, *les premiers mots à part*

Voyons si elle aime ailleurs... Mon intention, assurément, n'est pas qu'on vous contraigne.

ANGÉLIQUE

Ce que vous dites là est bien raisonnable, et je ferai grand cas de vous si vous continuez.

M. DAMIS

Je suis même fâché de ne l'avoir pas su plus tôt.

ANGÉLIQUE

Hélas! si vous me l'aviez demandé, je vous l'aurais dit.

M. DAMIS

Et il faut y mettre ordre.

ANGÉLIQUE

Que vous êtes bon et obligeant! N'allez pourtant pas dire à ma mère que je vous ai confié que je ne vous aime point, parce qu'elle se mettrait en colère contre moi; mais faites mieux : dites-lui seulement que vous ne me trouvez pas assez d'esprit pour vous, que je n'ai pas tant de mérite que vous l'aviez cru, comme c'est la vérité; enfin, que vous avez encore besoin de vous consulter. Ma mère, qui est fort fière, ne manquera pas de se choquer; elle rompra tout, notre mariage ne se fera point, et je vous aurai, je vous jure, une obligation infinie.

M. DAMIS

Non, Angélique, non; vous êtes trop aimable! Elle se douterait que c'est vous qui ne me voulez pas, et tous ces prétextes-là ne valent rien. Il n'y en a qu'un bon : aimez-vous ailleurs!

ANGÉLIQUE

Moi! non; n'allez pas le croire.

M. DAMIS

Sur ce pied-là, je n'ai point d'excuse : j'ai promis de vous épouser, et il faut que je tienne parole ; au lieu que, si vous aimiez quelqu'un, je ne lui dirais pas que vous me l'avez avoué, mais seulement que je m'en doute.

ANGÉLIQUE

Eh bien ! doutez-vous-en donc.

M. DAMIS

Mais il n'est pas possible que je m'en doute si cela n'est pas vrai ; autrement ce serait être de mauvaise foi, et, malgré toute l'envie que j'ai de vous obliger, je ne saurais dire une imposture.

ANGÉLIQUE

Allez, allez, n'ayez point de scrupule ; vous parlerez en homme d'honneur.

M. DAMIS

Vous aimez donc ?

ANGÉLIQUE

Mais ne me trahissez-vous point, monsieur Damis ?

M. DAMIS

Je n'ai que vos véritables intérêts en vue.

ANGÉLIQUE

Quel bon caractère ! Oh ! que je vous aimerais si vous n'aviez que vingt ans !

M. DAMIS

Eh bien ?

ANGÉLIQUE

Vraiment oui, il y a quelqu'un qui me plaît...

FRONTIN *arrive*

Monsieur, je viens, de la part de Madame, vous dire qu'on vous attend avec Mademoiselle.

M. DAMIS

Nous y allons. (*A Angélique.*) Et où avez-vous connu celui qui vous plaît?

ANGÉLIQUE

Ah ! ne m'en demandez pas davantage. Puisque vous ne voulez que vous douter que j'aime, en voilà plus qu'il n'en faut pour votre probité, et je vais vous annoncer là-haut.

SCÈNE XIII

M. DAMIS, FRONTIN

M. DAMIS, *les premiers mots à part*

Ceci me chagrine ; mais je l'aime trop pour la céder à personne. (*Haut.*) Frontin, Frontin, approche ; je voudrais te dire un mot.

FRONTIN

Volontiers, Monsieur ; mais on est impatient de vous voir.

M. DAMIS

Je ne tarderai qu'un moment ; viens. J'ai remarqué que tu es un garçon d'esprit.

FRONTIN

Eh! j'ai des jours où je n'en manque pas.

M. DAMIS

Veux-tu me rendre un service dont je te promets
que personne ne sera jamais instruit?

FRONTIN

Vous marchandez ma fidélité; mais je suis dans
mon jour d'esprit, il n'y a rien à faire : je sens
combien il faut être discret.

M. DAMIS

Je te paierai bien.

FRONTIN

Arrêtez donc, Monsieur! Ces débuts-là m'atten-
drissent toujours.

M. DAMIS

Voilà ma bourse.

FRONTIN

Quel embonpoint séduisant! qu'il a l'air vain-
queur!

M. DAMIS

Elle est à toi si tu veux me confier ce que tu
sais sur le chapitre d'Angélique. Je viens adroite-
ment de lui faire avouer qu'elle a un amant, et,
observée comme elle est par sa mère, elle ne peut
ni l'avoir vu ni avoir de ses nouvelles que par le
moyen des domestiques. Tu t'en es peut-être mêlé
toi-même, ou tu sais qui s'en mêle, et je voudrais

écarter cet homme-là. Quel est-il? où se sont-ils vus? Je te garderai le secret.

FRONTIN, prenant la bourse

Je résisterais à ce que vous me dites; mais ce que vous tenez m'entraîne, et je me rends.

M. DAMIS

Parle.

FRONTIN

Vous me demandez un détail que j'ignore; il n'y a que Lisette qui soit parfaitement instruite dans cette intrigue-là,

M. DAMIS

La fourbe!

FRONTIN

Prenez garde! vous ne sauriez la condamner sans me faire mon procès. Je viens de céder à un trait d'éloquence qu'on aura peut-être employé contre elle. Au reste, je ne connais le jeune homme en question que depuis une heure : il est actuellement dans ma chambre. Lisette en a fait mon parent, et dans quelques moments elle doit l'introduire ici même, où je suis chargé d'éteindre les bougies et où elle doit arriver avec Angélique, pour y traiter ensemble des moyens de rompre votre mariage.

M. DAMIS

Il ne tiendra donc qu'à toi que je sois pleinement instruit de tout.

FRONTIN

Comment?

M. DAMIS

Tu n'as qu'à souffrir que je me cache ici ; on ne m'y verra pas, puisque tu vas en ôter les lumières, et j'écouterai tout ce qu'ils diront.

FRONTIN

Vous avez raison. Attendez : quelques amis de la maison qui sont là-haut et qui veulent se déguiser après souper pour se divertir, ont fait apporter des dominos qu'on a mis dans le cabinet à côté de la salle. Voulez-vous que je vous en donne un ?

M. DAMIS

Tu me feras plaisir.

FRONTIN

Je cours vous le chercher, car l'heure approche.

M. DAMIS

Va.

SCÈNE XIV

M. DAMIS, FRONTIN

M. DAMIS, *un moment seul*

Je ne saurais mieux m'y prendre pour savoir de quoi il est question. Si je vois que l'amour d'Angélique aille à un certain point, il ne s'agit plus de mariage ; cependant je tremble. Qu'on est malheureux d'aimer à mon âge !

FRONTIN, *revient*

Tenez, Monsieur, voilà tout votre attirail, jusqu'à un masque : c'est un visage qui ne vous donnera que dix-huit ans ; vous ne perdrez rien au change. Ajustez-vous vite. Bon ! mettez-vous là et ne remuez pas ; voilà les lumières éteintes. Bonsoir.

M. DAMIS

Ecoute : le jeune homme va venir, et je rêve à une chose. Quand Lisette et Angélique seront entrées, dis à la mère, de ma part, que je la prie de se rendre ici sans bruit. Cela ne te compromet point, et tu y gagneras.

FRONTIN

Mais vous prenez donc cette commission-là à crédit ?

M. DAMIS

Va, ne t'embarrasse point.

FRONTIN

Soit. Je sors... J'ai de la peine à trouver mon chemin ; mais j'entends quelqu'un...

SCÈNE XV

LISETTE, ÉRASTE, FRONTIN
(Lisette est à la porte avec Éraste pour entrer.)

FRONTIN

Est-ce toi, Lisette ?

LISETTE

Oui. A qui parles-tu donc là ?

FRONTIN

A la nuit, qui m'empêchait de retrouver la porte.
Avec qui es-tu, toi ?

LISETTE

Parle bas... Avec Eraste, que je fais entrer dans
la salle.

M. DAMIS, *à part*

Eraste ?

FRONTIN

Bon ! où est-il ? (*Il appelle.*) La Ramée !

ÉRASTE

Me voilà.

FRONTIN, *le prenant par le bras*

Tenez, Monsieur, marchez et promenez-vous du
mieux que vous pourrez en attendant.

LISETTE

Adieu. Dans un moment je reviens avec ma
maîtresse.

SCÈNE XVI

ÉRASTE, M. DAMIS, CACHÉ

ÉRASTE

Je ne saurais douter qu'Angélique ne m'aime ;
mais sa timidité m'inquiète, et je crains de ne
pouvoir l'enhardir à dédire sa mère.

M. DAMIS, *à part*

Est-ce que je me trompe ? c'est la voix de mon
fils. Ecoutons.

ÉRASTE

Tâchons de ne pas faire de bruit.

(Il marche en tâtonnant.)

M. DAMIS

Je crois qu'il vient à moi. Changeons de place.

ÉRASTE

J'entends remuer du taffetas. Est-ce vous, Angélique ? est-ce vous ?

(En disant cela, il attrape M. Damis par le domino.)

M. DAMIS, *retenu*

Doucement...

ÉRASTE

Ah ! c'est vous-même !

M. DAMIS, *à part*

C'est mon fils.

ÉRASTE

Eh ! bien ! Angélique, me condamnerez-vous à mourir de douleur ? Vous m'avez dit tantôt que vous m'aimiez ; vos beaux yeux me l'ont confirmé par les regards les plus aimables et les plus tendres ; mais de quoi me servira d'être aimé, si je vous perds ? Au nom de notre amour, Angélique, puisque vous m'avez permis de me flatter du vôtre, gardez-vous à ma tendresse. Je vous en conjure par ces charmes que le Ciel semble n'avoir destinés que pour moi, par cette main adorable sur laquelle je vous jure un amour éternel.

(M. Damis veut retirer sa main.)

Ne la retirez pas, Angélique et dédommagez

Eraste du plaisir qu'il n'a point de voir vos beaux yeux, par l'assurance de n'être jamais qu'à lui. Parlez, Angélique.

M. DAMIS

(A part.)   *(A Eraste.)*

J'entends du bruit. Taisez-vous, petit sot !
(Il se dégage des mains d'Eraste.)

ÉRASTE

Juste Ciel ! qu'entends-je ? Vous me fuyez ! Ah ! Lisette, n'es-tu pas là ?

SCÈNE XVII

ANGÉLIQUE et LISETTE entrent M. DAMIS, ÉRASTE

LISETTE

Nous voici, Monsieur.

ÉRASTE

Je suis au désespoir, ta maîtresse me fuit.

ANGÉLIQUE

Moi, Eraste ? Je ne vous fuis point, me voilà.

ÉRASTE

Eh quoi ! ne venez-vous pas de me dire tout ce qu'il y a de plus cruel ?

ANGÉLIQUE

Eh ! je n'ai encore dit qu'un mot.

ÉRASTE

Il est vrai ; mais il m'a marqué le dernier mépris.

ANGÉLIQUE

Il faut que vous ayez mal entendu, Eraste. Est-ce qu'on méprise les gens qu'on aime ?

LISETTE

En effet, rêvez-vous, Monsieur ?

ÉRASTE

Je n'y comprends donc rien ; mais vous me rassurez, puisque vous me dites que vous m'aimez : daignez me le répéter encore.

SCÈNE XVIII

MADAME ARGANTE, introduite par Frontin, **LISETTE, ÉRASTE, ANGÉLIQUE, M. DAMIS**

ANGÉLIQUE

Vraiment, ce n'est pas là l'embarras, et je vous le répéterais axec plaisir ; mais vous le savez bien assez.

MADAME ARGANTE, *à part*

Qu'entends-je ?

ANGÉLIQUE

Et d'ailleurs on m'a dit qu'il fallait être plus retenue dans les discours qu'on tient à son amant.

ÉRASTE

Quelle aimable franchise !

ANGÉLIQUE

Mais je vais comme le cœur me mène, sans y entendre plus de finesse ; j'ai du plaisir à vous voir, et je vous vois, et, s'il y a de ma faute à vous avouer si souvent que je vous aime, je la mets sur votre compte, et je ne veux point y avoir part.

ÉRASTE

Que vous me charmez !

ANGÉLIQUE

Si ma mère m'avait donné plus d'expérience, si j'avais été un peu dans le monde, je vous aimerais peut-être sans vous le dire ; je vous ferais languir pour le savoir. Je retiendrais mon cœur ; cela n'irait pas si vite, et vous m'auriez déjà dit que je suis une ingrate ; mais je ne saurais la contrefaire. Mettez-vous à ma place ; j'ai tant souffert de contrainte ! Ma mère m'a rendu la vie si triste ! J'ai eu si peu de satisfaction ! elle a tant mortifié mes sentiments ! Je suis si lasse de les cacher que, lorsque je suis contente et que je le puis dire, je l'ai déjà dit avant que de savoir que j'ai parlé : c'est comme quelqu'un qui respire, et imaginez-vous à présent ce que c'est qu'une fille qui a toujours été gênée, qui est avec vous, que vous aimez, qui ne vous hait pas, qui vous aime, qui est franche, qui n'a jamais eu le plaisir de dire ce qu'elle pense, qui ne pensera jamais rien de si touchant, et voyez si je puis résister à tout cela.

ÉRASTE

Oui, ma joie, à ce que j'entends là, va jusqu'au

transport ! Mais il s'agit de nos affaires. J'ai le bonheur d'avoir un père raisonnable, à qui je suis aussi cher qu'il me l'est à moi-même, et qui, j'espère, entrera volontiers dans nos vues.

ANGÉLIQUE

Pour moi, je n'ai pas le bonheur d'avoir une mère que lui ressemble ; je ne l'en aime pourtant pas moins...

MADAME ARGANTE, *éclatant*

Ah ! c'en est trop, fille indigne de ma tendresse !

ANGÉLIQUE

Ah ! je suis perdue.

(*Ils s'écartent tous trois.*)

MADAME ARGANTE

Vite, Frontin ! qu'on éclaire ! qu'on vienne !

(*En disant cela, elle avance et rencontre M. Damis, qu'elle saisit par le domino, et continue.*)

Ingrate ! est-ce là le fruit des soins que je me suis donnés pour vous former à la vertu ? Ménager des intrigues à mon insu ! Vous plaindre d'une éducation qui m'occupait tout entière ! Hé bien ! jeune extravagante, un couvent, plus austère que moi, me répondra des égarements de votre cœur.

SCÈNE XIX

(La lumière arrive avec Frontin et autres domestiques avec des bougies.)

M. DAMIS, *démasqué, à madame Argante et en riant*

Vous voyez bien qu'on ne me recevrait pas au couvent.

MADAME ARGANTE

Quoi ! c'est vous, Monsieur ?

(Et puis, voyant Eraste avec sa livrée.)

Et ce fripon-là, que fait-il ici ?

M. DAMIS

Ce fripon-là, c'est mon fils, à qui, tout bien examiné, je vous conseille de donner votre fille.

MADAME ARGANTE

Votre fils !

M. DAMIS

Lui-même. Approchez, Eraste ; tout ce que j'ai entendu vient de m'ouvrir les yeux sur l'imprudence de mes desseins. Conjurez Madame de vous être favorable ; il ne tiendra pas à moi qu'Angélique ne soit votre épouse.

ÉRASTE, *se jetant aux genoux de son père*

Que je vous ai d'obligation, mon père ! Nous pardonnerez-vous, Madame, tout ce qui vient de se passer ?

ANGÉLIQUE, *embrassant les genoux de madame Argante*

Puis-je espérer d'obtenir grâce ?

M. DAMIS

Votre fille a tort, mais elle est vertueuse, et, à votre place, je croirais devoir oublier tout et me rendre.

MADAME ARGANTE

Allons, Monsieur, je suivrai vos conseils et me conduirai comme il vous plaira.

M. DAMIS

Sur ce pied-là, le divertissement dont je prétendais vous amuser servira pour mon fils.

(Angélique embrasse madame Argante de joie.)

FIN.

IMP. CRÉTÉ. CORBEIL. — Octobre 1919.

www.ingramcontent.com/pod-product-compliance
Lightning Source LLC
LaVergne TN
LVHW022320170726
843503LV00006B/2616